Thomas Grosjean

Die Eiskugelversicherung

AF194859

FSC

www.fsc.org

MIX

Papier aus ver-
antwortungsvollen
Quellen
Paper from
responsible sources

FSC® C105338

Thomas Grosjean

Die Eiskugelversicherung

Illustriert von

Katharina Grosjean

Bibliografische Information der Deutschen Nationalbibliothek:
Die Deutsche Nationalbibliothek verzeichnet diese Publikation in
der Deutschen Nationalbibliografie; detaillierte bibliografische Da-
ten sind im Internet über http://dnb.dnb.de abrufbar.

Es wird darauf verwiesen, dass alle Angaben in diesem Buch trotz
sorgfältiger Bearbeitung ohne Gewähr erfolgen und eine Haftung
des Autors oder des Verlages ausgeschlossen ist.

© 2020 Thomas Grosjean (Text)
© 2020 Katharina Grosjean (Illustration)

Herstellung und Verlag: BoD – Books on Demand, Norderstedt

ISBN: 9783751905909

Was alles in diesem Buch steht

Wie alles anfing

„So ein Mist", seufzte Mia ärgerlich und sah auf ihr Eishörnchen. Dieses war gerade in den Dreck gefallen. Dort vermischte sich ihre Lieblingssorte Erdbeere mit den kleinen Schottersteinen des Weges.

Max neben ihr murmelte nur: „Entschuldigung Mia! Ich habe dich gar nicht gesehen." Er hatte nur kurz zu seinem Freund Leo auf dem Spielplatz geschaut. Aber da war es schon geschehen und er stieß mit Mia zusammen.

„Du kannst gerne mein Eis haben", bot Max an. Mia sah auf sein Eishörnchen und erwiderte trotzig: „Ich mag aber kein Pistazieneis!"

Mittlerweile standen einige Klassenkameraden um Mia und Max und diskutierten über den Unfall. Leo schlug vor ein neues Eis zu kaufen. „Ich habe aber nur noch 50 Cent von meinem Ausflugsgeld", erwiderte Mia. „Eine Kugel Eis kostet aber einen Euro." Mias Freunde kramten in den Taschen und Geldbeuteln und streckten ihr 10-Cent und 20-Cent Geldstücke entgegen. Mit den 50 Cent von Mia war der Euro schnell komplett.

Herr Busch, der Klassenlehrer, kam auf die Gruppe zu und lauschte den Berichten der Kinder. „Ich finde es toll, dass ihr alle Mia unterstützt und für ein neues Eis zusammenlegt", lobte er bewundernd die Hilfsbereitschaft in der Klasse.

So endete der Schulausflug in den Zoo für alle Kinder der Klasse 1a mit zufriedenen Gesichtern. Die Sommerferien konnten nun beginnen.

Eine Idee wächst

Nach den Sommerferien begann der Schulunterricht der Klasse 2a bei Herrn Busch. Alle 25 Kinder sollten von ihren Erlebnissen in den Ferien und dem letzten Schulausflug in den Zoo erzählen.

Nach vielen interessanten und spannenden Berichten meldete sich Mia und bedankte sich für die Geldspenden nach ihrem Eiskugelunglück. Viele Kinder hatten aber gar nichts davon auf dem Ausflug mitbekommen und Mia musste alles noch einmal genau erläutern.

„Mir ist letztes Schuljahr beim Wandertag auch das Eis hingefallen und keiner hat sich darum gekümmert", beschwerte sich Theo. „Du bist ja auch mit dem Eis über den Spielplatz gerannt und gestolpert! Das war deine eigene Schuld!", erwiderte Lisa. Theo maulte: „Trotzdem ist das ungerecht! Ich hätte mir auch Hilfe gewünscht!"

„Langsam, langsam!", griff jetzt Herr Busch in die Diskussion ein. „Ist es für die Klasse wichtig, über das Thema weiter zu sprechen?" Von den 25 Kindern der Klasse 2a zeigten fast alle auf und wollten weiter darüber reden.

Leo meldete sich als Klassensprecher: „Es ist nicht richtig, wenn einer Hilfe erhält und ein anderer nicht." Viele Mädchen und Jungen in der Klasse nickten zustimmend.

„Wir müssten also so eine Art Eiskugelversicherung haben!", scherzte Herr Busch. Florian sah ihn verblüfft an und fragte: „Was ist denn eine Versicherung?"

Herr Busch grübelte kurz und fing an zu erzählen: „Das Wort Versicherung kommt von versichern. Es ist ein altes Wort und heißt so viel wie etwas versprechen. Die Versicherung verspricht also zu helfen, wenn etwas Bestimmtes passiert."
„Wenn mir eine Eiskugel runterfällt?", runzelte Mia fragend die Stirn. „Ja wenn es eine Eiskugelversicherung gäbe. Gibt es aber nicht!", warf Herr Busch ein.

„Können wir nicht selber eine Eiskugelversicherung machen?", erwiderte Leo interessiert. Damit hatte Herr Busch jetzt nicht gerechnet und zuckte mit den Schultern: „Ich weiß nicht genau wie eine Versicherung funktioniert. Da geht es um viele Zahlen. Wir können ja Frau Simon fragen. Als Mathematiklehrerin kann sie uns vielleicht helfen."

„Ja, so machen wir das!", freute sich die ganze Klasse und konnte gar nicht abwarten mit Frau Simon zu sprechen.

Das Rechnen beginnt

„Ihr möchtet also eine Eiskugelversicherung haben?", staunte Frau Simon bei der nächsten Unterrichtsstunde in der 2a. Alle stimmten dieser Frage nickend zu. „Und sie wissen wie das geht!", warf Theo ein. „Nun, ich weiß es nicht genau! Aber so etwas können wir aber ausrechnen!", entgegnete Frau Simon entschuldigend. „Wie oft ist denn in eurer Klasse schon ein Eishörnchen hingefallen?"

Leo zählte alle Ausflüge der vergangenen Schulzeit auf: „Theo hat am Wandertag sein Eis beim Sturz verloren. Unser letzter Ausflug in der ersten Klasse ging in den Zoo, wo Mias Eis runtergefallen ist."

Frau Simon malte also die ersten Zahlen an die Tafel im Klassenraum:

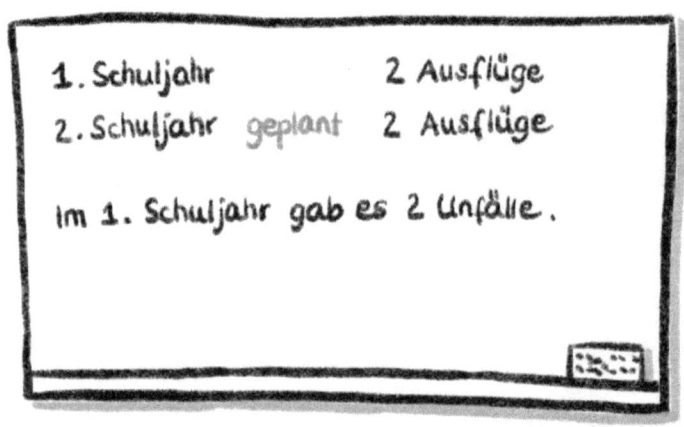

1. Schuljahr   2 Ausflüge
2. Schuljahr geplant   2 Ausflüge

Im 1. Schuljahr gab es 2 Unfälle.

„Also hatten wir bei jedem Ausflug einen Unfall mit einem Eis. Unsere Eiskugelversicherung müsste jedes Mal ein Eis bezahlen!", stellte Frau Simon fest. „Wenn ein Eis mit einer Eiskugel einen Euro kostet, wie viel Geld muss die Eiskugelversicherung in jedem Schuljahr bezahlen?"

Lena rechnete vor: „Zwei Ausflüge im Schuljahr und jeden Ausflug ein Eis bezahlen macht zusammen zwei Euro."

„Aber woher bekommt denn die Eiskugelversicherung das Geld, um unser Eis zu bezahlen?", fragte sich Max.

„Mia, erzähle noch mal kurz, was nach deinem Unfall passiert ist. Wer hat dir geholfen?", forderte Frau Simon Mia auf.

„Also", begann Mia, „für einen Ausflug dürfen wir nur einen Euro und 50 Cent als Taschengeld mitnehmen. Nach dem Eiskauf hatte ich nur noch 50 Cent. Max und Lena haben mir jeder 20 Cent und Leo 10 Cent geschenkt. So hatte ich einen Euro zusammen, um mir ein neues Eis zu kaufen."

Frau Simon berichtete nun der Klasse, dass bei einer Eiskugelversicherung das Geld für solche Unfälle vorher in der Kasse sein muss. Freiwillige Geschenke wie bei Mias Unfall funktionierten also nicht. Jeder Schüler und jede Schülerin erklärte sich bereit, vorher in die Kasse der Eiskugelversicherung einzuzahlen.

Max unterbrach ungeduldig: „Und wie viel ist das denn nun?"

„Wir vervollständigen unser Tafelbild", beruhigte Frau Simon Max und schrieb folgende Zahlen an:

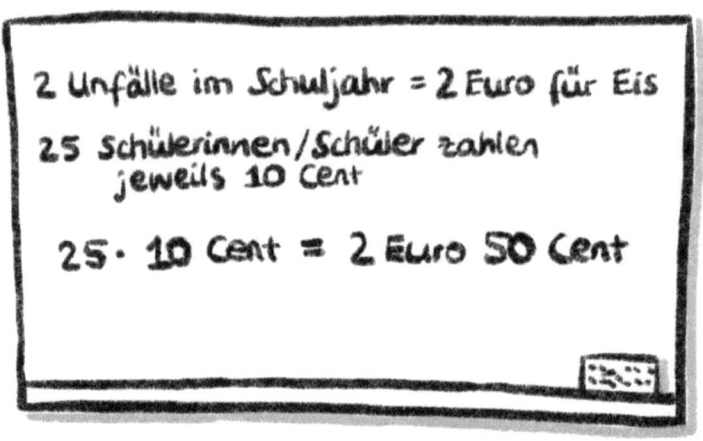

2 Unfälle im Schuljahr = 2 Euro für Eis

25 Schülerinnen/Schüler zahlen jeweils 10 Cent

25 · 10 Cent = 2 Euro 50 Cent

„Dann bleiben ja noch 50 Cent übrig", bemerkte Lena schnell. „Das ist richtig", stimmte ihr Frau Simon zu. „Allerdings dürfen dann auch wirklich nicht mehr Unfälle als geplant pro Schuljahr passieren."

Regeln sind wichtig

Nachdem sich die Klasse und Frau Simon mit den Zahlen beschäftigt hatten, gingen die Gespräche in der nächsten Unterrichtsstunde bei Herrn Busch weiter.

„Ihr wollt also diese Eiskugelversicherung wirklich für eure Klasse haben?", erkundigte sich Herr Busch vorsichtig. Alle Arme der Schüler und Schülerinnen gingen nach oben. Das war ein eindeutiges Signal.

Herr Busch gab zu bedenken, dass es für eine Eiskugelversicherung Regeln geben sollte. „Wieso brauchen wir Regeln?", fragte Florian brummig. „Wenn das Eis auf die Erde fällt, gibt es ein Neues. Ist doch ganz einfach!"

„Und wenn du dein Eis absichtlich hinschmeißt, weil dir die Sorte nicht schmeckt oder du rumtobst?", belehrte ihn Mia. „Dann möchte ich nicht, dass ein neues Eis bezahlt wird."

Da nun eine wilde Diskussion anfing, unterbrach Herr Busch die Unterhaltung. Er schlug vor, dass in kleinen Gruppen Regeln ausgedacht und miteinander besprochen werden sollten.

Nach der großen Pause ging der Unterricht weiter. Alle Gruppen stellten nun ihre Vorschläge für Regeln in der Eiskugelversicherung vor. Erstaunlicherweise gab es in fast allen Gruppen ähnliche Vorschläge.

Die besten Regeln wurden dann noch einmal zusammengetragen und besprochen. Zum Ende der Schulstunde hatte die gesamte Klasse ihre Regeln für die Eiskugelversicherung formuliert. Diese schrieb Herr Busch nun an die Tafel:

Regeln der Eiskugelversicherung:

1) Die Eiskugelversicherung gilt nur auf Ausflügen und Klassenfahrten.

2) Jeder Schüler und jede Schülerin möchte die Eiskugelversicherung für diese Klasse haben und ist bereit, den Beitrag von 10 Cent zu bezahlen.

3) Es gibt kein neues Eis,

  - wenn es absichtlich heruntergeworfen wird.

  - wenn mit dem Eis gerannt, getobt oder gespielt wird.

- *wenn das Eis nicht aufgegessen wird und schmilzt.*

Der Elternabend

„Jetzt haben wir alle zusammen besprochen, wie die Eiskugelversicherung der Klasse 2a funktionieren soll", fasste Herr Busch die letzte Schulstunde zusammen. „Wir müssen allerdings euren Eltern auf dem nächsten Elternabend die Idee vorstellen. Denn sie werden ja sicherlich den Beitrag für die Eiskugelversicherung bezahlen."

Leo als Klassensprecher und Mia als Ideengeberin durch ihren Eishörnchenunfall wurden von der Klasse ausgesucht, um den Eltern die Eiskugelversicherung zu erklären.

Am nächsten Elternabend erzählten Mia und Leo den Eltern von ihren Erlebnissen im Zoo und der neuen Idee einer Eiskugelversicherung. Die Eltern waren davon sofort begeistert und gratulierten den beiden zu dieser tollen Aktion.

Die Eiskugelversicherung startet

Nach dem erfolgreichen Elternabend wählte die Klasse Lisa und Moritz aus, um die Kasse der Eiskugelversicherung zu führen. Sie sammelten die Beiträge von 10 Cent bei den anderen Schülern und Schülerinnen ein und notierten alles in einer Liste. Die Eiskugelversicherung startete mit einem Betrag von 2 Euro und 50 Cent.

Für das 2. Schuljahr waren noch zwei Ereignisse geplant. Es sollte im Herbst noch einen Ausflug auf einen Bauernhof geben und für den Frühling war eine Fahrt mit einem Schiff beabsichtigt.

Der Bauernhofbesuch war sehr schön und für alle Kinder sehr interessant. Sogar der Kauf der Eishörnchen klappte dieses Mal ohne Zwischenfälle. Die Eiskugelversicherung musste nicht einspringen und alles Geld konnte in der Kasse bleiben.

Mit viel Vorfreude und Aufregung gab es im Frühling den Ausflug mit einer Bootsfahrt auf dem Rhein. Am Ende der Fahrt versammelte sich die Klasse am Rheinufer vor einem italienischen Eiswagen. Viele Kinder ruhten sich mit ihrem Eis auf den Bänken aus und schauten den Schiffen auf dem Rhein nach.

Leider wurde Lenas Eishörnchen von einem großen Hund weggeschleckt, der ihr das Eis einfach aus der herabhängenden Hand schnappte und wegrannte. Von dem Hundebesitzer war nichts zu sehen und der Hund verschwand zwischen den anderen Spaziergängern am Ufer. Plötzlich gab es Geschrei am Ufer. Leo stand wütend vor seinem auf dem Weg liegenden Eis: „Dieser blöde Radfahrer hat mich mit seinem wilden Geklingel erschrocken. Ich konnte gerade noch ausweichen. Aber mein Eis ist hin!"

Zum Glück konnte jetzt die Eiskugelversicherung einspringen und zweimal das Eishörnchen ersetzen.

Am Ende des Schuljahres berichteten Lisa und Moritz der gesamten Klasse über die Kasse der Eiskugelversicherung. Die Zahlen schrieben sie an die Tafel:

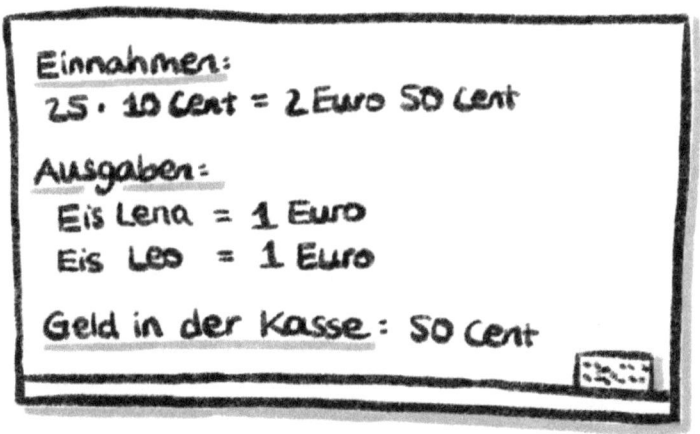

Einnahmen:
25 · 10 Cent = 2 Euro 50 Cent

Ausgaben:
Eis Lena = 1 Euro
Eis Leo = 1 Euro

Geld in der Kasse: 50 Cent

So endete das erste Jahr der Eiskugelversicherung. Alle Schüler und Schülerinnen wünschten sich diese Eiskugelversicherung für ihre neue Klasse 3a.

Das dritte Schuljahr

Nach den Sommerferien kamen alle Kinder der Klasse 3a gut gelaunt in ihrem Klassenzimmer zusammen. Es gab viel zu erzählen!

Nach der Klassensprecherwahl sollten auch neue Kassierer für die Kasse der Eiskugelversicherung gewählt werden. Diesmal wurden Mia und Theo bestimmt. Nachdem sie alle Beiträge eingesammelt hatten, konnte die Eiskugelversicherung mit 3 Euro in der Kasse starten.

Wie in jedem Schuljahr gab es wieder zwei Ausflüge der Klasse. Auf vielfachen Wunsch gab es wieder einen Zoobesuch. Zum Ende des Schuljahres ging es zum ersten Mal in einen Freizeitpark mit vielen Attraktionen.

Für die Eiskugelversicherung lief es in diesem Schuljahr nicht so gut. Insgesamt gab es vier Unfälle.

Im Zoo kam es zu einem doppelten Unfall. Madita und Leonie verloren gleichzeitig ihr Eis, da Leonie über einen Stein stolperte und dabei Madita mit zu Boden riss. Hier konnte die Eiskugelversicherung schnell helfen und das Unglück war schnell vergessen.

Schlimmer war es dann allerdings im Freizeitpark. Bei Jonas fiel das Eis direkt vom Hörnchen auf den Weg. Allerdings war Jonas eilig unterwegs und lief mit seinem Eis auf eine Warteschlange zu, wo ihm Leo einen Platz freigehalten hatte. Nachdem Jonas und Leo die Fahrt mit der Achterbahn beendet hatten, bat Jonas die Kassierer der Eiskugelversicherung um einen Euro für ein neues Eis. Mia und Theo wollten ihm jedoch nicht den Euro geben, da Jonas die Regeln der Eiskugelversicherung nicht eingehalten hatte.

Zusammen mit Herrn Busch berieten Mia und Theo, wie zu entscheiden sei. Schnell riefen sie die Klasse zusammen und erzählten von Jonas Unfall. Herr Busch schlug eine Abstimmung vor, obwohl die Regeln genau das Laufen verbieten. Fast alle Mädchen und Jungen waren der gleichen Meinung und Jonas konnte sich kein neues Eis aus der Kasse der Eiskugelversicherung kaufen.

Am Ende des Ausfluges passierte noch ein ganz ungewöhnlicher Unfall. Ein Vogel hatte während des Fluges sein Geschäft gemacht und der Kot landete direkt auf Annes Ärmel und leider auch auf der Eiskugel.

Das Eis konnte man nicht mehr essen. Auch dieser Unfall war ein Problem. Deshalb musste die Klasse noch einmal zusammentreffen und über diesen Unfall entscheiden. Diesmal waren alle Kinder einstimmig für ein neues Eis für Anne.

Bald war das Schuljahr zu Ende und die beiden Kassierer der Eiskugelversicherung berichteten über die Kasse. Folgende Zahlen gab es an der Tafel:

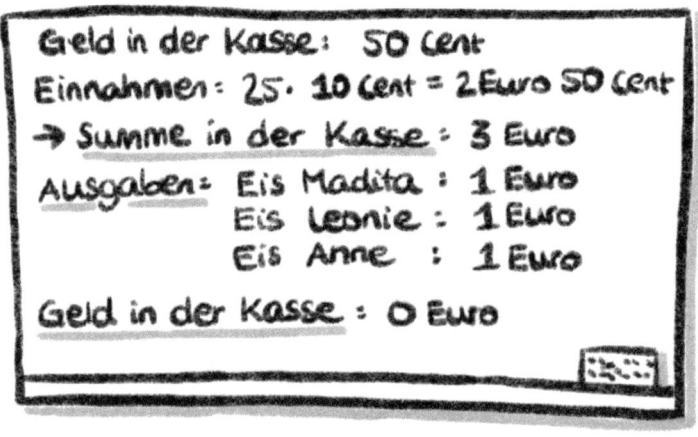

Somit war die Kasse leer. Alle Kinder freuten sich, dass es gerade noch für alle Unfälle gereicht hatte.

„Der Eisladen wird bald seinen Preis für eine Kugel Eis auf 1 Euro 20 Cent erhöhen", stöhnte Leo. „Reicht es dann noch für unsere Eiskugelversicherung?"

Ratlos schauten sich die Kinder untereinander an und zum Schluss gingen die fragenden Blicke an Herrn Busch. „Ich glaube, wir brauchen mal wieder die Hilfe von Frau Simon", stellte Herr Busch fest. „Die erste Mathematikstunde im neuen Schuljahr planen wir für die Eiskugelversicherung ein."

Neue Preise im vierten Schuljahr

Zum Beginn des vierten Schuljahres sprach Frau Simon direkt die Eiskugelversicherung an: „Herr Busch hat mir gesagt, dass wir eine neue Berechnung für die Eiskugelversicherung machen müssen."

Leo meldete sich sofort: „Unsere Kasse ist leer und alle Eisläden haben im Sommer den Preis für eine Eiskugel auf 1 Euro 20 Cent erhöht. Passt unsere Berechnung noch?"

Frau Simon überlegte kurz: „Das müssen wir einmal nachrechnen und dann vielleicht neue Entscheidungen treffen. Bisher hat der Betrag von 10 Cent je Klassenmitglied gepasst. Es sind nicht mehr Unfälle passiert als berechnet wurden. Also müssen wir auf den neuen Preis für eine Kugel Eis achten."

Mia unterbrach Frau Simon und bemerkte: „Im letzten Schuljahr hatten wir aber drei Unfälle. Eigentlich waren es ja vier Unfälle! Einmal war aber Jonas selber schuld."

„Sollen wir in unserer Berechnung mit zwei Unfällen oder vorsichtigerweise mit drei Unfällen rechnen?", fragte Frau Simon in die Klasse. Nach einer kurzen Besprechung innerhalb der Klasse waren sich alle einig, dass mit drei Unfällen gerechnet werden sollte.

Da die vierte Klasse noch keine Kommazahlen rechnen konnte, hatte Frau Simon vorsorglich Münzen mitgebracht. Schnell waren drei Haufen mit Münzen im Wert von jeweils 1 Euro und 20 Cent aufgestapelt. Im nächsten Schritt wurden die drei Stapel zusammengerechnet. Am Ende wusste die gesamte Klasse, dass für drei Unfälle in der Eiskugelversicherung 3 Euro und 60 Cent benötigt werden.
Folgende Zahlen zeichnete Frau Simon an die Tafel:

3 Unfälle im Schuljahr = 3 Euro 60 Cent

25 Schülerinnen/Schüler zahlen jeweils
bisher 10 Cent :
25 · 10 Cent = 2 Euro 50 Cent
neu 15 Cent :
25 · 15 Cent = 3 Euro 75 Cent

Alle Schüler und Schülerinnen waren mit der Lösung zufrieden. Als neue Kassierer wurden Leonie und Leo gewählt. Innerhalb der nächsten Woche waren alle Beiträge eingesammelt.

Im letzten Schuljahr der Grundschule gab es zwei Ausflüge. Zunächst war im Herbst ein Museumsbesuch geplant. Zum Schuljahresende stand die Klassenfahrt mit Übernachtung an.

Die Eiskugelversicherung musste in diesem Schuljahr nur bei der Klassenfahrt helfen. Es gab dabei jedoch zwei Unfälle.

Daher war die Abrechnung für die beiden Kassierer auch sehr einfach:

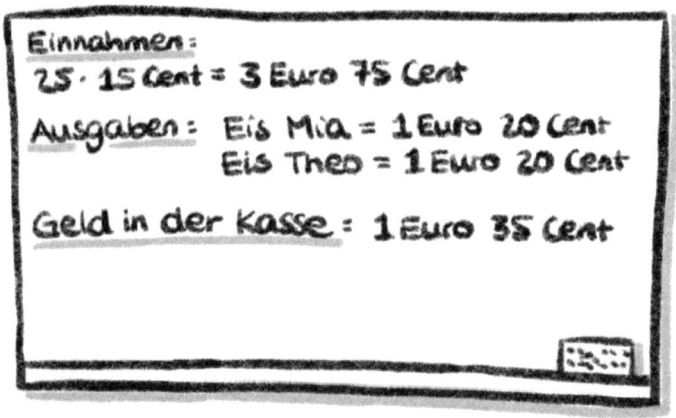

Einnahmen:
25 · 15 Cent = 3 Euro 75 Cent

Ausgaben: Eis Mia = 1 Euro 20 Cent
Eis Theo = 1 Euro 20 Cent

Geld in der Kasse = 1 Euro 35 Cent

„Das restliche Geld können wir noch in die Klassenkasse einzahlen. Alles Geld wird dann auf der Abschiedsfeier der Klasse 4a verbraucht", schlug Herr Busch vor.

Abschied von der Grundschule

Kurz vor Ende des Schuljahres kam Herr Busch mit einer Überraschung in die Klasse: „Die Lehrer und Lehrerinnen der anderen Klassen haben von eurer Eiskugelversicherung gehört und möchten gerne mehr darüber wissen. Vielleicht machen die anderen Klassen mit der Eiskugelversicherung weiter."

„Wir könnten doch unsere Eiskugelversicherung als Theaterstück aufführen und allen zeigen, was in der ganzen Zeit passiert ist", träumte Pia, die in ihrer Freizeit bei der Freilichtbühne mitspielte, vor sich hin. „Das ist viel lustiger, als jede Klasse zu besuchen und unsere Eiskugelversicherung zu erklären."

Die ganze Klasse staunte über diesen Vorschlag und brach in lauten Jubel aus.

Nach einigen Schulstunden waren die Texte und Rollen für das Theaterstück fertig. Die Proben konnten nun beginnen und alle Kinder hatten einen Riesenspaß. Sie überzeugten sogar Frau Simon und Herrn Busch die Lehrerrollen selber zu spielen.

Bei der Abschiedsfeier der vierten Klassen war das Theaterstück der Klasse 4a der absolute Höhepunkt. Viele Eltern hatten bisher noch gar nichts von dieser Eiskugelversicherung gehört. Alle Kinder der Klassen 1 bis 3 verstanden sehr schnell die Idee der Eiskugelversicherung und waren von der Theatervorführung total begeistert.

Bis zum Schuljahresende konnten die Schüler und Schülerinnen der Klasse 4a noch viele neugierige Fragen der Lehrer und Lehrerinnen beantworten.

Die Idee der Eiskugelversicherung könnte vielleicht weiterleben.

Der Autor

Thomas Grosjean, Jahrgang 1962, verheiratet, drei erwachsende Kinder, Bankkaufmann, Sparkassenbetriebswirt, Versicherungsfachmann (BWV), derzeit als Firmenkundenberater einer großen deutschen Versicherungsgesellschaft tätig.

Seit vielen Jahrzehnten ehrenamtlich in verschiedenen Funktionen unterwegs, wo die betriebswirtschaftlichen Kenntnisse eingebracht werden können. Zusätzlich als Fundraising-Berater im Ruhrpott aktiv.

Die Illustratorin

Katharina Grosjean, Jahrgang 1990, studierte Wirtschaftsingenieurwesen in Dortmund und Lyon. Seit 2014 ist sie für eine Unternehmensberatung u.a. im Automobil-, Energie- und Lebensmittelsektor tätig, wo sie nebenbei ihre Leidenschaft zum Visualisieren auf Papier und iPad entdeckt.

Seither integriert sie „Graphic Recording" wenn immer möglich in ihre Beratungsprojekte und entwickelte aus einer internen Mitarbeiterschulung das Format #vizoderwas für alle begeisterten Visualisierer und diejenigen, die es noch werden wollen. Die Illustration für „Die Eiskugelversicherung" ist das erste gemeinsame Projekt mit Vater Thomas.